AF229314

SUR

# LA SITUATION

## PLUS QUE CRITIQUE

PAR LE

### Docteur VITTEAUT

Membre correspondant de l'Académie de Dijon.

PRIX : **25** CENTIMES

CHALON-SUR-SAONE

IMPRIMERIE L. MARCEAU, SUCCESSEUR DE J. DEJUSSIEU
Rue des Tonneliers, N° 5

1883

# SUR

# LA SITUATION

## PLUS QUE CRITIQUE

PAR LE

## Docteur **VITTEAUT**

Membre correspondant de l'Académie de Dijon.

---

PRIX : **25** CENTIMES

---

SUR LA

# SITUATION PLUS QUE CRITIQUE

*A Monsieur le Président de la République française*

Monsieur le Président,

J'ai cru devoir, dans le temps, comme citoyen sous le régime du suffrage universel, vous faire observer qu'on n'aboutirait à rien avec l'athéisme officiel ou public et avec la licence d'une presse impie. Les leçons de l'histoire sont là qui nous l'enseignent, la saine philosophie nous l'apprend, et personne n'ignore que, dans les grandes républiques antiques, il y avait une loi qui condamnait à l'ostracisme celui qui publiquement manquait aux dieux de la patrie. Alcibiade lui-même, malgré son nom, le prestige de ses services rendus, n'a pu s'y soustraire. On sait ce qui se passe à cet égard dans la république des États-Unis d'Amérique. Cette loi qui ne portait nullement atteinte à la liberté de conscience, j'entends la liberté individuelle et privée, qui ne devait pas y porter atteinte, renfermait un sens profond. Je suis loin d'en réclamer l'application; mais il me semble qu'on devrait réfléchir sur sa raison d'être parmi les peuples qui ont toujours passé, qui passent pour les plus intelligents et les plus civilisés, et prendre à cet endroit des mesures en conséquence.

La voilà donc encore une fois arrivée ou près d'arriver, Monsieur le Président, cette heure historique où toutes les combinaisons humaines sont tout à fait impuissantes. Elle devait, elle ne peut pas ne pas arriver, vu la logique des idées et des faits et la succession des hommes. Le gouffre est ouvert large et profond pour recevoir la France. Cet abîme se creuse depuis et avant vous, bien avant vous sans doute, mais il ne faut pas vous le dissimuler, depuis vous surtout. Il est le fruit de l'orgueil de l'homme qui s'est insurgé contre la Divinité, qui, par contre, se révolte contre son semblable, et le résultat d'un aveuglement inouï, d'un égoïsme jouisseur bien capable d'étouffer tout sentiment patriotique réel.

Oui, le pays est sur le point de sombrer, et, permettez-moi de vous l'avouer franchement, ce ne sont pas les divisions, les compétitions et les intrigues du jour qui sont de nature à le retenir sur la pente ultime, pas plus que les phrases pompeuses et vides des rhéteurs et des sophistes, pas plus que la mutilation ou l'amputation du Sénat, le scrutin de liste ou d'arrondissement, les bataillons scolaires, encore moins ces lycées de filles, toutes ces écoles sans Dieu qui nous coûtent si cher, toutes ces mesures *étudiées sagement, dans le silence des passions, en dehors de toute pression et mûres assez pour passer dans le domaine de la pratique.*

Les flots du radicalisme montent, Monsieur le Président; vous le constatez aussi bien que moi, tout le monde le constate. Or, le radicalisme matérialiste, tel qu'il est, c'est le nivellement, la destruction, la mort.

Je n'ai point besoin, Monsieur le Président, de vous représenter que vous allez être, bon gré mal gré, que vous êtes déjà par cela seul que vous personnifiez le pouvoir, le point de mire de toutes les attaques, et que votre fortune avec votre honneur se trouvent avec votre vie fatalement engagés. Vous l'avez senti, vous avez eu et vous aurez lieu trop souvent de le sentir, j'en suis malheureusement certain.

O ma Patrie ! ô République française, que je n'ai cessé, depuis

1848, d'identifier dans ma pensée avec toi, toucherais-tu donc au terme de tes brillantes et incomparables destinées ? France, sublime France ! deviendrais-tu donc la risée du monde entier, après l'avoir subjugué sous tous les rapports et frappé d'admiration, et faudrait-il que tu périsses après avoir enfanté l'égalité devant la loi civile et l'avoir donnée à la Terre ?...

C'est le sentiment, hélas ! de tous les observateurs sérieux, de tous ceux que ne fascinent pas le pouvoir, la jouissance, les honneurs lucratifs et les ambitions perverses. C'en est fait effectivement de nous, comme nationalité, si nous persévérons dans les mêmes voies et moyens.

Pour sortir de là, il faut, chacun à son poste, faire son devoir, commencer par se reviser soi-même avant de reviser la constitution, s'humilier devant le Tout-Puissant et développer autant de désintéressement que d'énergie à froid. L'exemple du désintéressement en face de la cupidité générale, de cette manie, de cette rage de jouir, est plus que jamais nécessaire.

Les actes des peuples étant la conséquence des idées courantes, il faut mettre un frein à cette presse libertine et profondément délétère, qui sape toute autorité, tout ce qui est honnête et sacré, à ce langage de certains orateurs de clubs, dont la violence n'a d'égal que l'impunité, qui outragent tout, menacent tout et déshonorent et la république et les républicains. La république n'est point le passeport du laissez-tout-dire et du laissez-tout-faire, comme des bandits se l'imaginent. Si elle garantit le plus de droits, elle doit, pour être rationnelle, prescrire et commander le plus de devoirs ; elle doit savoir prévenir le mal, car, lorsque l'attentat est commis, ce n'est plus temps d'y porter remède. Lorsque le corps social est putréfié dans sa vie intime, dans ses mœurs, par de petites feuilles immondes, par une littérature obscène, des peintures libidineuses et des spectacles scandaleux, il n'est donné à aucun physicien de pouvoir le galvaniser, à aucun physiologiste de le vivifier ; ceux qui veulent conduire le monde rien qu'à coups d'histoire naturelle, de géographie, de chimie le peuvent encore bien moins.

Il faut un gouvernement effectif et non un gouvernement purement nominal, un gouvernement positif et non négatif, un gou-

vernement avec des moyens suffisants de gouverner, et vous
reconnaîtrez, Monsieur le Président, qu'il n'en existe point. Il
n'est pas un peuple dont la nature ou le tempérament exige plus
ce qu'on appelle un gouvernement fort que le peuple français; il
n'en est point, malgré ses soubresauts, ses vices et ses immenses
fautes, qui soit mieux disposé à l'accepter, pourvu qu'il y croie
voir briller l'étincelle de la justice et de la gloire. Il n'y a que
ses flatteurs, ceux qui spéculent sur lui par des promesses, tous
ces grands misérables qui font de l'opposition dans le but d'arriver, qui n'en veulent pas. A peine arrivés, l'instinct de conserva-
tion les tient, et ils s'en montrent, ils doivent s'en montrer
friands.

Il faut mettre de l'ordre dans nos finances et, pour ce, en vertu
du principe posé, ne pas hésiter à abolir le cumul et à réduire
les gros traitements, sans parler d'une foule d'autres économies
extrêmement importantes et de rigueur. Ou bien le citoyen
député, sénateur est riche, ou il est pauvre ; s'il est riche, il n'a
pas besoin d'indemnité, l'honneur de représenter son pays lui
suffit; s'il est pauvre, douze francs par jour, c'est assez. Nos
pères travaillaient à moins, et ils faisaient de la bonne besogne
législative et beaucoup. Il doit se persuader, le représentant,
qu'il n'est pas élu pour faire ses affaires, mais celles de la république. Pour moi, je ne comprends pas que des démocrates, qui
veulent extirper tous les privilèges, s'en octroient bel et bien en
voyageant gratuitement en chemins de fer. S'ils avaient à payer
leurs places, on ne les verrait pas tant déserter leurs bancs, aller
de ville en ville semer l'agitation, pour traiter des questions
stériles ou secondaires, presque toujours personnelles quant au
fond, toujours méchamment passionnées, dénigrant leurs collè-
gues et se ravalant eux-mêmes.

Il faut, sans rien céder du vrai et solide terrain conquis,
modifier notablement *la loi du nombre* qui nous régit. Le nombre
n'est pas *le droit,* comme le disait naguère un politique de sur-
face, doué du merveilleux talent de la parole, le porte-voix de la
pseudo-science moderne, sa synthèse vivante, qui avait eu son
triomphe d'un jour contre les monarchistes coalisés, mais dont
l'idée mère exubérante de sensualisme, de positivisme athée, pour

peu qu'elle plane encore, ne peut manquer de tuer sa république comme elle l'a tué lui-même. Le nombre, quoiqu'en disent cet homme des décadences et ses partisans, est et ne sera jamais que le nombre, c'est-à-dire la force. De sorte que si la loi du nombre était le droit, elle serait le droit de la force. Avec un suffrage universel sans garantie matérielle aucune, comme nous l'avons, sans garantie intellectuelle, sans garantie morale, nous descendons légalement. Le grand vice politique est là, la grande plaie est là, je crois l'avoir démontré dans mes écrits, l'expérience plus forte que tous les raisonnements le démontre surabondamment.

Il faut, sur un point capital qu'imposent la justice évangélique et la justice civile, ouvertement, sans trop de délai, comme sans préjudice porté à qui que ce soit, donner satisfaction aux revendications légitimes des travailleurs, et les arracher à ce chaos d'idées malsaines, à ce mot d'ordre des comités qui les oppriment, à cette exploitation de certains candidats à la représentation soi-disant nationale; il faut donc, dans le remaniement de la loi électorale, assurer un nombre de candidatures ouvrières, sous certaines conditions, bien entendu, j'ai eu soin de m'en expliquer catégoriquement, et les répartir dans les grands centres industriels, manufacturiers, agricoles. Les intérêts des ouvriers, dans le fonctionnement actuel du suffrage universel, nous devons en convenir, ne sont point représentés ; ils ne le sont pas mieux que les intérêts de l'agriculture, du commerce, de l'industrie, pas mieux que la science dont on parle tant, le mérite ou la vertu, pas mieux que le capital et le génie militaire, et je doute que des avocats, des journalistes, voire même des médecins, puissent s'en charger.

En vérité, Monsieur le Président, et il m'est pénible de le dire, quand on pense qu'il y a, dans les conseils élevés du pays, des élus qui parlent français comme une vache espagnole, qui écrivent de même ; dans les commissions, des hommes de plume, des journalistes sans valeur pour traiter des questions militaires, des poètes de bas étage, des nullités dans les administrations, dans nos finances et partout des avocats de cinquième ordre, des fils d'Esculape passablement microscopiques dans l'organisation judiciaire et ailleurs, des individus purement civils dans les affaires de la marine et de l'armée, des êtres enfin qui n'ont fait que des vivisections, qui n'ont d'autre philosophie que la philosophie positiviste, je veux dire qui ne croient ni à Dieu ni au diable, qui ne croient qu'aux organes et à eux-mêmes, et qui sont appelés, de par le suffrage de leurs concitoyens, à régenter l'éducation publique, à former l'esprit et le cœur de la génération nouvelle; quand on considère comment tout cela se recrute et pour quelle fin, pour avant et par-dessus tout jeter l'interdit sur nos saintes libertés, sur tout ce qui a un caractère religieux, pour s'attaquer au Divin et ne laisser debout que le laïque, le laïque à nu, avec ses laideurs et ses misères; quand on voit le ricanement de l'impiété jusque dans le sanctuaire des lois, l'on ne peut se défendre d'un sentiment de pitié, de douloureuse anxiété, et l'on se demande si nous ne délirons pas et si nous ne méritons pas la camisole de force.

Il faut, sans exclure aucun dévouement, aucune lumière et tout en ayant recours à la vraie science, à la science spiritualiste, jeter l'ancre dans l'élément conservateur et par conséquent dans l'élément religieux qui lui sert d'assise, et à défaut duquel le premier n'est qu'illusoire et fragile, dans l'élément divinement chrétien, dégagé autant que possible de ses abus et ramené à son objet primitif, à son type primitif, le seul qui puisse, tout en restant distinct, s'harmoniser parfaitement avec l'idée démocratique pure. Les lignes de démarcation entre la politique et la religion étant tracées, les rôles étant bien définis, la paix et l'accord bienveillant doivent régner entre ces deux puissances pour le bien du milieu social.

J'ai examiné toutes ces choses et d'autres, et je les ai développées dans une brochure à part intitulée : *Le Suffrage universel ou l'Avenir de la France,* que j'ai eu l'honneur, Monsieur le Président, de vous adresser, comme hommage, auquel il n'a été nullement répondu. Feu Dufaure avait bien voulu l'étudier à l'état de manuscrit et *s'associer de tout cœur,* d'après les termes de sa correspondance, aux vues et principes qu'elle contient. C'est à l'ombre de cette grave autorité que j'ai osé vous soumettre ce travail et que j'ose encore, aujourd'hui, le livrer à la méditation des hommes d'État.

Je viens de prononcer le nom de Dufaure. Ce nom me rappelle un autre athlète qui, sur la fin de sa carrière, n'était plus voltairien, qui aimait son pays autant qu'il s'aimait lui-même, dont tous les discours, comme président de république, sont des chefs-d'œuvre de bon sens et de patriotisme, l'ennemi de toutes les utopies, qui savait réagir contre les mauvaises passions et sut faire passer la nouvelle forme gouvernementale; j'ai désigné Thiers, ce vaillant vieillard, qui paya la rançon de la patrie, qui la releva de ses désastres, réorganisa l'armée, tous les services publics, laissa la France prospère et respectée en l'absence des rois et des empereurs, et qui, dans son testament, nous recommanda la sagesse et la vigueur; la sagesse pour gagner les adversaires, déjouer les menées criminelles des partis hostiles, se faire des alliances, la vigueur attentive pour avoir raison de l'anarchie démagogique, l'une et l'autre pour commander, au dedans comme au dehors, ces deux choses qui ne se décrètent pas : le respect et la confiance.

Depuis ce grand citoyen, qui n'a pas toujours été grand dans l'opposition, les difficultés et les dangers se sont accumulés d'une manière extraordinaire, contre votre gré, assurément, Monsieur le Président, et en dépit de vos efforts et de vos observations personnelles. Pour s'en faire une idée, il suffit de jeter un regard sur la situation. Si nous regardons, que voyons-nous en effet ?

A l'intérieur, l'athéisme qui déborde, l'athéisme qu'aurait répudié la franc-maçonnerie d'autrefois alors qu'elle croyait au grand Architecte, à Celui qui, sous n'importe quelle forme et quel nom qu'on l'admette, est l'Être par essence, résumant en lui la force, la sagesse et la justice absolues, la source de la vie, la vie pleine et féconde, devant qui les monarques et les présidents de république ne sont qué poussière. L'athéisme, contrairement à une proposition tristement célèbre, c'est l'ennemi. Grâce à des professeurs coupables au dernier chef, à de faux savants, à de faux sages, il s'est infiltré jusque dans les masses populaires. Ce mammifère omnivore, comme le classe la science littréenne, ce tube digestif monté sur un appareil générateur, qui pèse sur les destinées du pays par son bulletin de vote, ce monstre qu'on appelait un athée, est partout, dans le parlement et dans les clubs, en haut et en bas, et partout il démolit ou menace de détruire. Ce n'est pas le croyant, l'adorateur du Très-Haut, Monsieur le Président, qui parle audacieusement de pillage et de massacres dans ces réunions tumultueusement anarchiques, dans ces feuilles à un sou, c'est l'athée, c'est le disciple de monsieur un tel chargé d'honneurs et de budget, c'est l'électeur du député un tel, c'est le sectaire qui n'a plus ni foi ni loi, c'est cette foule qu'on traite d'*inconsciente* à Rouen et dont on ne méprise pas les suffrages. Tous les barbares du dedans qu'a enfantés l'athéisme théorique sont prêts à renouveler les crimes atroces de la Commune, que dis-je, à les multiplier, à les généraliser en les exagérant d'intensité et d'horreur. Le règne de la dynamite ne s'avance-t-il pas ? Et ce règne n'est-il autre que le règne de l'athéisme le plus infernal ?

Avec l'athéisme pratique ou ce qui revient au même avec le matérialisme dans les faits, nous constatons le culte du veau d'or, de l'intérêt à tout prix, par tous les moyens, au lieu du culte du devoir et de l'honneur, la rébellion au foyer domestique comme à l'atelier, la haine parmi les enfants de la même patrie, un désordre matériel parallèle au désordre moral, une criminalité qui croît dans des proportions effrayantes, la crainte du lendemain, la sécurité nulle part, le malaise et le marasme dans toutes les directions, le bouleversement dans l'ordre économique, des déficits dans les finances, notre commerce qui languit, notre industrie qui ne peut se soutenir, des fraudes, des faillites, des grèves, une concurrence impossible avec l'étranger, radicalement impossible, malgré nos débouchés, avec cette formule : *Augmentation des salaires, réduction des heures de travail*, et jamais réduction de certains appétits dépravés.

Avec le matérialisme sensualiste, le père de l'égoïsme, nous voyons des individus tout occupés à digérer plutôt qu'à penser, qui ont perdu jusqu'à l'idée de patrie, absorbés qu'ils sont par la soif de l'argent et la volupté du sens guttural ; des hommes de parti qui s'observent et s'en veulent et qui aspirent à ressaisir le pouvoir pour en savourer les avantages ; des prétendants en expectation ou mieux à l'affût, laissant tout faire sans protester, qui, de même que beaucoup d'entre leurs fidèles, ne réagiront qu'autant qu'ils seront atteints à l'épigastre, qui, peut-être, manœuvrent silencieusement dans l'ombre, escomptant par avance des désastres imminents pour régner sur des ruines finales; et puis, au sein du parlement, une minorité écrasée, qui n'est pas écoutée, qui n'a pas même l'honneur de figurer à la commission du budget; une Chambre quasi-obscûre, en très grande partie cataractée, et dans cette Chambre, à part quelques honorables exceptions, une majorité qui s'accroche à je ne sais qui, à je ne sais quoi, ou plutôt nous ne le savons que trop, qui poursuit hypocritement sa petite campagne sacrilège pour cause de, qui refusera vingt millions à nos marins pour en accorder des centaines à son chef de file, et cela dans le but de laïciser, c'est-à-dire de désorganiser à outrance, pour élargir le râtelier de l'État, le garnir et le remplir de créatures véritablement omnivores, une majorité qui marche *per fas et nefas* à son but, s'appuyant sur une plèbe qui se lasse d'elle, qui ne croit plus en elle et qui se propose de l'exécuter comme tout le reste. Cette majorité s'administre périodiquement des votes de confiance, lesquels servent à prolonger l'agonie, mais ne rassurent aucun intérêt. Nous voyons dans l'Assemblée des groupes républicains, des fractions de groupes, et dans ces groupes des jalousies, des ardeurs de substitution individuelle, et rien qui dénote, je ne dirais pas l'amour de son pays, mais le moindre souci de son sort; enfin, nous rencontrons un Sénat en discrédit, discrédité surtout par des membres de cette déplorable Chambre, un Sénat qui voit les choses, mais qui n'ose pas et qui tremble pour son existence, pour sa propre situation.

Tel est le bilan à l'intérieur.

Au dehors et sur nos flancs, des États que la sottise impériale a fait unis et puissants et qui, par reconnaissance, nous guettent, tendent à nous faire glisser pour nous mettre le pied sur la gorge; de toutes parts, des ennemis et pas un allié solide; au très loin, le Tonkin qui peut devenir notre tombeau, si nous ne savons pas sacrifier, non l'honneur qu'on ne sacrifie jamais, mais notre amour-propre en présence de toutes les complications. La défensive et une défensive proportionnée aux éventualités doit être la règle.

L'offensive pour le moment serait un non-sens et un crime de lèse-nation.

Le péril social, Monsieur le Président, n'est donc pas chimérique, tout est compromis, plus que compromis, et j'avais raison de déclarer que l'heure présente est gravement décisive. C'est l'heure du recueillement, des grandes résolutions, c'est l'heure de rompre non seulement avec l'intransigeance de droite et de gauche, mais avec l'athéisme dont l'insolent et fou défi s'affiche partout, en tous lieux et en tous temps, même après le trépas par ces funérailles stupidement et orgueilleusement laïques.

Mais si tout est compromis, tout n'est point complètement perdu. En dehors d'une faction aussi tyrannique que faible, qui avait pris son point d'appui sur une portion du pays et non sur sa majorité réelle, qui avait spéculé surtout sur les passions anti-religieuses, il y a encore des cœurs généreux, il y en a dans tous les camps et dans toutes les couches, il y a des électeurs qui se sont abstenus, mais qui se réveillent, il y a une foule de citoyens qui reviendraient, qui ne demanderaient pas mieux que de revenir, qui marcheraient si l'on marchait dans la bonne voie, il y a encore des esprits sages et des vaillants, les vaillants et les sages ne sont pas ceux qui se proclament tels; il y a dans la patrie une âme, il existe une armée qui aura encore ses Chanzy, qui, malgré toutes les tentatives, n'est pas encore entamée, qui n'est ni positiviste, ni impie, ni athée, mais qui est française. Dieu n'est pas encore banni, et j'ai l'espoir qu'il ne s'exilera pas de notre sol et qu'il n'abdiquera pas devant ses négateurs et ses débiles ennemis.

Ne craignons pas, Monsieur le Président, de nous compromettre par-devant des pygmées et des vauriens, des misérables, comme vous venez de les qualifier, en affirmant Dieu, fléchissant le genou devant lui, comme on a toujours fait et comme votre collègue de la grande République américaine le fait encore dans les jours de calamités. On ne se compromet jamais politiquement ou autrement avec Celui qui a créé les sociétés et les conserve. Abjurons nos erreurs, et demandons au Ciel sa protection. Que, par votre organe, la France fasse appel à toutes les intelligences, à toutes les volontés; elle a besoin de tous ses enfants.

Je vous demande pardon, Monsieur le Président, d'avoir ainsi taillé dans la vérité. Nous sommes si malades, que cette consultation d'un docteur en médecine n'est peut-être pas hors de propos.

Puissiez-vous, Monsieur le Président, comme l'illustre vieillard, votre prédecesseur médiat, avoir, sur la fin de votre tâche, la même gloire, la gloire immortelle de relever la France !

Vive la République, avec l'alliance entre la raison humaine représentée politiquement par 89 et la Raison divine représentée socialement et religieusement par le Christianisme ! Hors de là, après tant de restaurations qui s'effondrent, tant de forces monarchiques qui se sont neutralisées jusqu'à ce moment, mais qui ne nous menacent pas moins d'une guerre civile, parce qu'elles n'abdiquent, qu'elles ne peuvent guère abdiquer devant l'énormité de nos fautes, quand il est admis *unanimement* que le principe républicain est le plus équitable, hors de là, point de progrès véritable et point de salut; mais l'abaissement et la honte, mais le mensonge et la délation, mais l'envie délayée dans la haine avec la sombre pensée du vol, de l'incendie, du meurtre en masse, mais des négations incroyablement audacieuses, mais des découvertes scientifiques qui, au lieu d'élever l'humanité, se tournent contre elle pour l'anéantir, mais la dissolution sur le néant.

Recevez, Monsieur le Président de la République, l'expression de mes sentiments respectueux,

**Docteur VITTEAUT,**

Membre correspondant de l'Académie de Dijon.

Saint-Desert (Saône-et-Loire), ce 12 octobre 1883.

# OBSERVATION

Depuis la rentrée des Chambres, un fait d'une haute significa-
tion s'est produit. C'est la nomination de M. Paul Bert comme
président de l'*Union républicaine*. Je ne veux point faire ici le
passif de ce personnage, d'autres le font et le feront; mais je
cherche son actif et j'ai beau sonder, je ne trouve pas qui vaille :
comme science, rien, presque rien ; comme histoire et politique,
moins que rien, du faux et du négatif. Il n'a pas même l'honneur
de sa greffe animale, car, avant qu'il eût réussi à greffer la queue
d'un rat sur son dos, le dos du rat, nos zouaves d'Afrique avaient,
depuis longtemps auparavant, coupé la queue du rat africain et
l'avait greffé sur son nez, de manière à produire le *rat-trompe*
ou *éléphant*. Son moyen anesthésique avec le protoxyde d'azote et
l'air comprimé est coûteux et impraticable devant le chloroforme ;
d'ailleurs, avant lui, et bien avant, on connaissait les propriétés
du protoxyde d'azote ou gaz hilarant. Je ne vois guère à son
actif palpable que cette découverte qui consiste à peser de la
viande de boucherie ou autre, à l'exposer à l'air, à la peser avant
de l'exposer, à la peser après, et à constater qu'elle pèse plus
après l'exposition, parce qu'elle a absorbé de l'oxygène atmos-
phérique. Quelle découverte et de quelle importance, par Hippo-
crate et Lavoisier !

Etait-ce donc à cause de cette prodigieuse découverte que
l'homme de Cahors avait *marqué sa place* dans le grand Ministère ?
Il s'en était exprimé avec l'aplomb que l'on sait, en présence de
huit mille individus mâles et femelles, le jour où le savant

pulvérisa toutes les religions et proclama le règne exclusif de la science, la sienne, il va sans dire. Aujourd'hui, par un juste retour, *cet homme de science* proclame *homme de génie*, devant l'*Union républicaine*, l'homme de Cahors, et l'*Union* adhère et souscrit des deux mains.

Si tout cela n'était que de la jonglerie et de l'ineptie, je ne m'y arrêterais pas. Mais c'est l'incarnation de l'athéisme le plus osé et le plus crû, de l'athéisme politique avec des apparences scientifiques que l'on exalte, c'est l'athéisme érigé en système dans l'éducation publique, et c'est pour ce motif que je ne puis le laisser passer sans protester, et sans en concevoir pour la République et pour mon pays les plus tristes alarmes. Quelle ignominie !

Ce 18 octobre 1883.

Chalon-s-S., imp. L. Marceau, suc. de J. Dejussieu.

# OUVRAGES DE L'AUTEUR :

1° *La Médecine dans ses rapports avec la Religion.* Un volume in-8°
avec planches.. . . . . . . . . . . . . . . . . 4 fr. »

2° *L'Enseignement médical de l'École de Paris.* Une brochure in-8°. . . . . . . . . . . . . . . . . 1 »

3° *Le Problème politique.* Une brochure in-8°. . . . . . . 1 »

4° *Réflexions à l'adresse de M. Gambetta sur les causes de
notre décadence.* Une brochure in-8°. . . . . . . . 1 »

5° *La Solution de la question politique en l'an 1873.* . . . . 0 50

6° *Le Problème du temps.* Une brochure in-8°. . . . . . . 1 50

7° *Le Suffrage universel ou l'Avenir de la France.* Une
forte brochure in-8°. . . . . . . . . . . . . . . 1 50

Nota. — Contre l'envoi de timbres-poste à l'adresse de l'auteur,
à Saint-Desert (Saône-et-Loire), on recevra *franco* ces ouvrages.